T'INQUIÈTE, IL Y A DES MÈRES BIEN PIRES QUE TOI

La preuve
dans ce livre

GLENN BOOZAN
Illustrations par Priscilla Witte

hachette

Édition originale publiée en 2022, aux États-Unis,
sous le titre *There are moms way worse than you*,
par WORKMAN, une marque de Workman Publishing Co., Inc.
225 Varick Street
New York, NY 10014-4381

Édition française

58 rue Jean Bleuzen
92178 Vanves Cedex France

Traduction : Fiona Schmidt
Mise en page : Nordcompo

Achevé d'imprimer en Espagne en mars 2024
Dépôt légal : mai 2024
34-7277-5
ISBN : 978-2-01-725356-3

Pour
les mères
de ma vie
qui non seulement
ne sont pas
les pires,
mais sont en fait
les meilleures :
Alex *et* **Amber**

Félicitations,

Tu as eu un enfant (ou deux) !

Oh, quelle immense joie !

Tu as le berceau,
le bavoir, le siège auto,
tu as acheté les jouets adéquats.

Tu as lu tous les livres,
fait tout le boulot,
sécurisé tout
ton foyer.

Mais malgré cela,

une pensée lancinante :

Et si ce n’était pas assez ?

Genre...

Et si je ne les
faisais pas roter
correctement ?

Et si j'étais
trop **stricte** ?

Et si je leur achetais
des couches
auxquelles ils étaient
allergiques ?

Ou s'ils attrapaient
le **tétanos**,

ou s'ils étaient
mal habillés ?

ou si, dans leur poussette
hors de prix,
je les attachais
trop serré ?

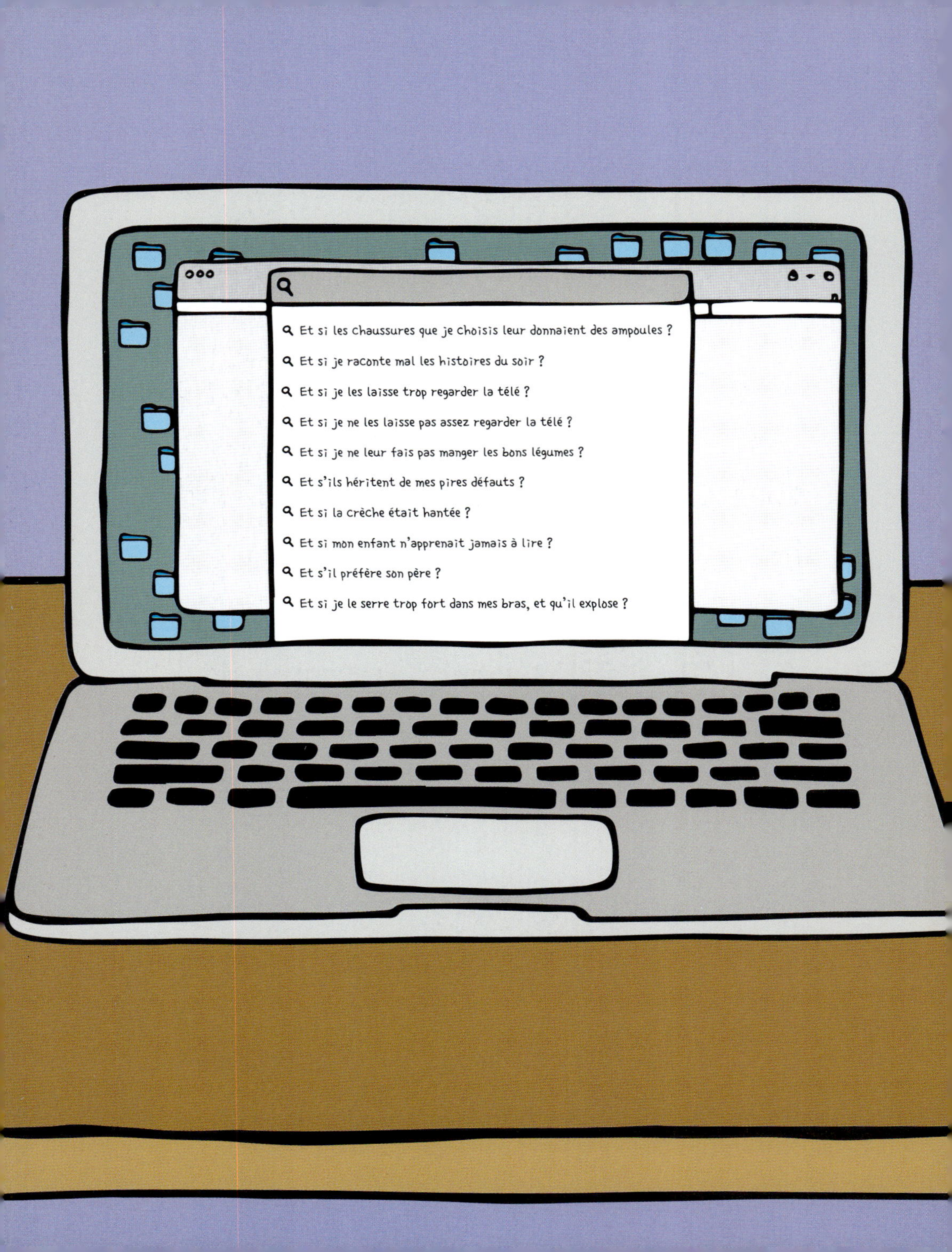
Et si les chaussures que je choisis leur donnaient des ampoules ?
Et si je raconte mal les histoires du soir ?
Et si je les laisse trop regarder la télé ?
Et si je ne les laisse pas assez regarder la télé ?
Et si je ne leur fais pas manger les bons légumes ?
Et s'ils héritent de mes pires défauts ?
Et si la crèche était hantée ?
Et si mon enfant n'apprenait jamais à lire ?
Et s'il préfère son père ?
Et si je le serre trop fort dans mes bras, et qu'il explose ?

« Ou peut-être... » – ta tête
commence à tourner, c'est maintenant
un manège **incontrôlable**,

« S'ils perdaient un œil
ou même pire, s'ils ne
mangeaient pas écoresponsable ? »

« Si, pendant que je regarde ailleurs,
ils tombaient dans un puits ? »

« Ou si je choisis la mauvaise école,

et si, et si,

et si ? »

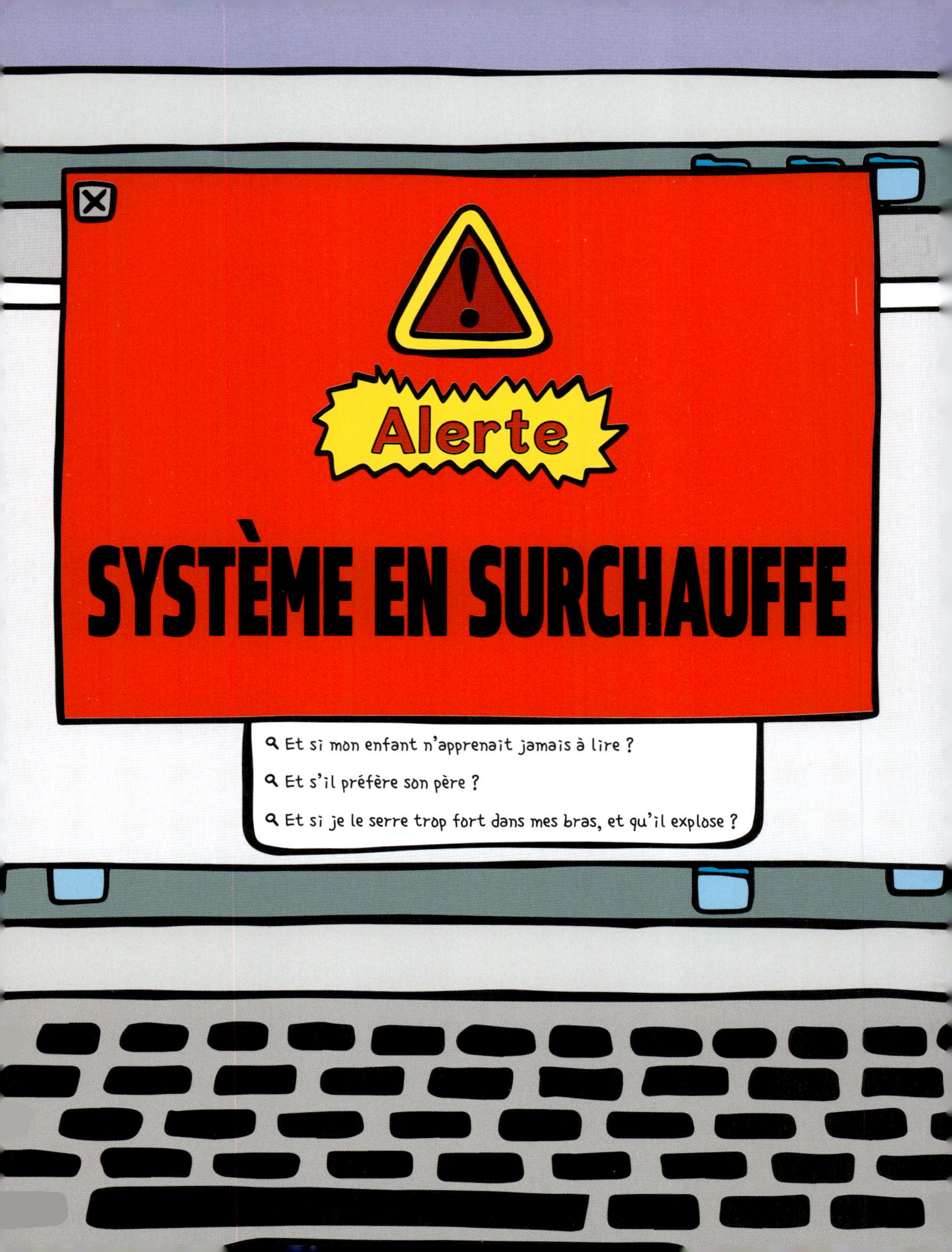
Alerte
SYSTÈME EN SURCHAUFFE
Et si mon enfant n'apprenait jamais à lire ?
Et s'il préfère son père ?
Et si je le serre trop fort dans mes bras, et qu'il explose ?

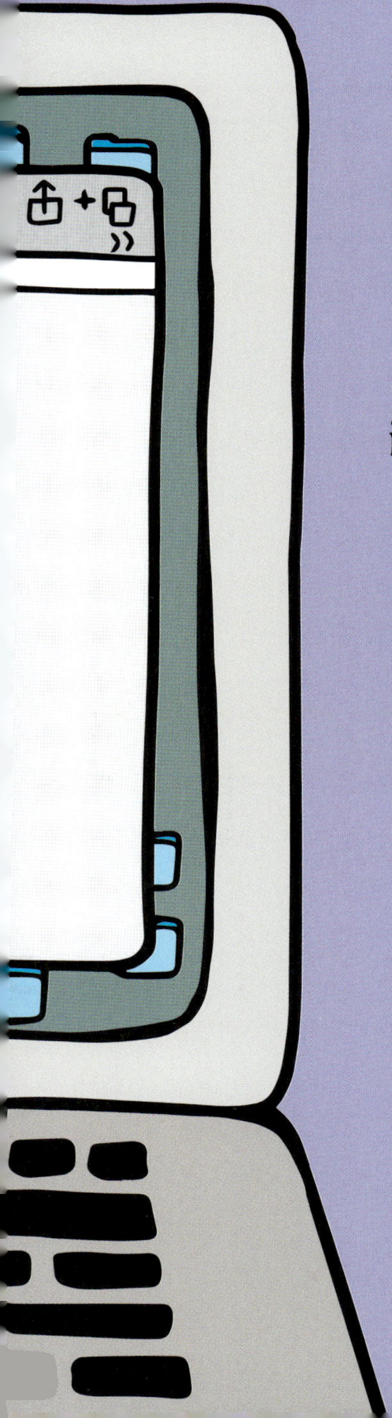

WOW,

OK, calme-toi,
inspire profondément,
expiiiiiiiiiiiiiiiiiiire.

C'est tout à fait normal
pour un parent
d'envisager le pire.

Mais même quand tu feras de

GROSSES ERREURS,

souviens-toi de cela :

Quand on met les choses en perspective,
il y a des mères **BIEN PLUS**
horribles que toi.

Même en faisant des efforts,
tu ne seras jamais pire
qu'une **maman hamster**.

Il lui arrive de manger
ses **nouveau-nés**.
Pourquoi ? Ça reste un mystère.

Une **maman girafe** est plutôt gentille jusqu'à ce qu'elle mette bas :

À peine le bébé est-il né qu'elle le frappe jusqu'à ce qu'**il fasse ses premiers pas**.

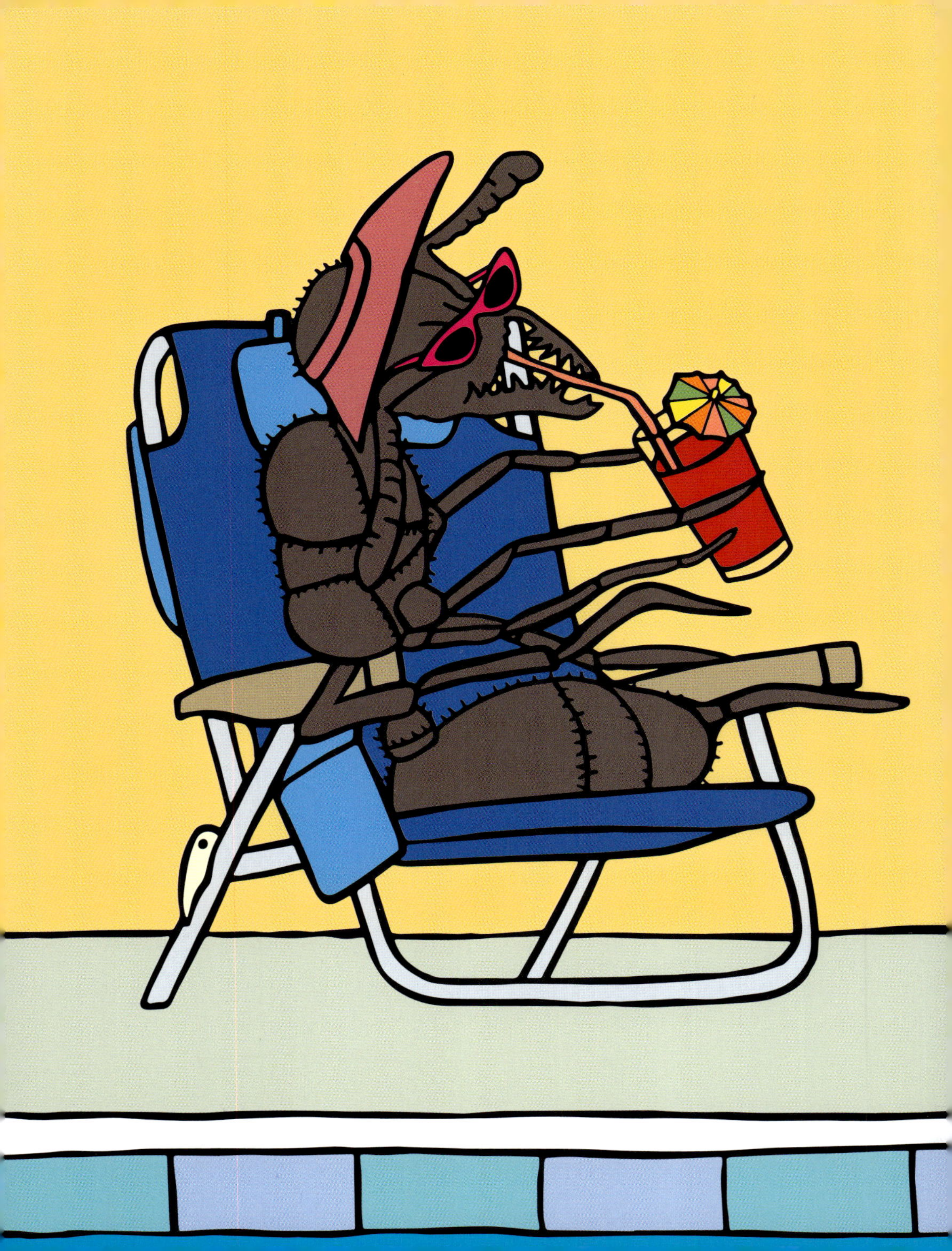

Si quelqu'un t'accuse d'être une
« **mère égoïste** »
et te donne l'impression
d'être une pourriture,

rétorque-lui qu'il arrive
aux **fourmis Dracula**
de sucer le sang de leur progéniture.

La prochaine fois que tu
culpabiliseras de ne pas
avoir nettoyé la maison :

pense aux **coléoptères de Sexton**,
qui élèvent leurs petits dans
des **souris en décomposition.**

USA
100

Une **maman aigle** croit
à la survie des plus forts.

Elle laisse donc ses aiglons se battre
jusqu'à la mort (plutôt retors...).

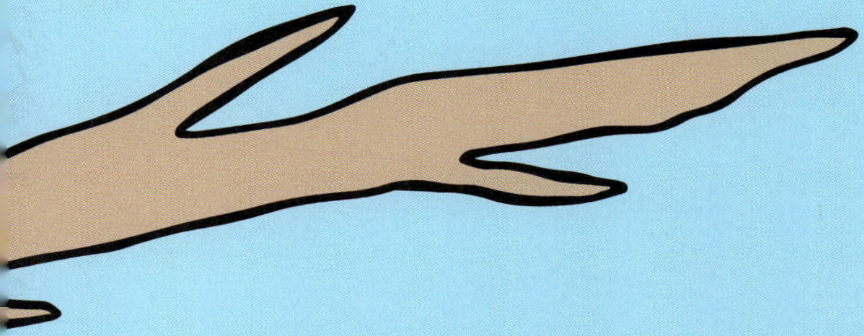

Les **mamans panda**
sont parfaites sauf si,
au lieu d'un bébé,
elles ont la chance d'en avoir deux.

Les jumeaux, quelle tannée !
Du coup, elles en **suppriment un** –
c'est cruel. Mais ingénieux !

Pour le dîner, la **maman koala** nourrit ses petits avec ses crottes.

Pensez-y lorsque vous culpabiliserez de leur servir des **nuggets**.

Comparée aux squinques
de **l'île de Lanyu**,
tu es la mère de l'année.

Elles **mangent leurs œufs**
dès que les choses se compliquent,
juste pour avoir la paix.

Si une **maman quokka**

tombe nez à nez

avec un prédateur,

devinez ce qu’elle fait

pour s’en tirer ?

Eh oui – elle lui

jette son bébé

en guise de quatre-heures.

Au moins, tu n'es pas une

maman coucou.

Bon sang, cette garce
est gonflée !

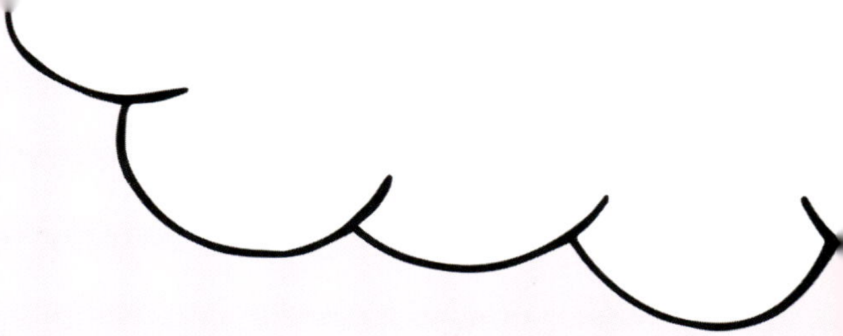

Elle **planque ses œufs**
dans d'autres nids
pour ne pas avoir à les élever.

Les **phoques du Groenland**.

Des amours. Maternellement ?

De vraies Cruella.

Deux semaines

après avoir mis bas

elles **lèvent le camp** :

allez bye, débrouille-toi !

En fait, nombreuses
sont les jeunes mamans
qui **se carapatent :**

Lapines, ourses noires,
serpents et lézards,
brebis et oiseaux,
chattes.

Les **pluviers d'Alaska**
ne font même pas semblant
de se soucier de leur bébé.

Un mois après la naissance ?
Direction Hawaï, en jet privé.

Kiss
the Cook

Mais il n'y a pas que les mères,
les **pères craignent aussi !**
certains sont même
de vrais boloss.

Le papa syngnathe
mange ses petits

s'il estime qu'ils ne sont pas
assez beaux gosses.

Les **chevaux** ont l'air d'être de super papas, mais, hum, ça n'est pas l'exacte vérité...

Il leur arrive
de menacer les poulains
des autres
et de les rudoyer
jusqu'à
les tuer.

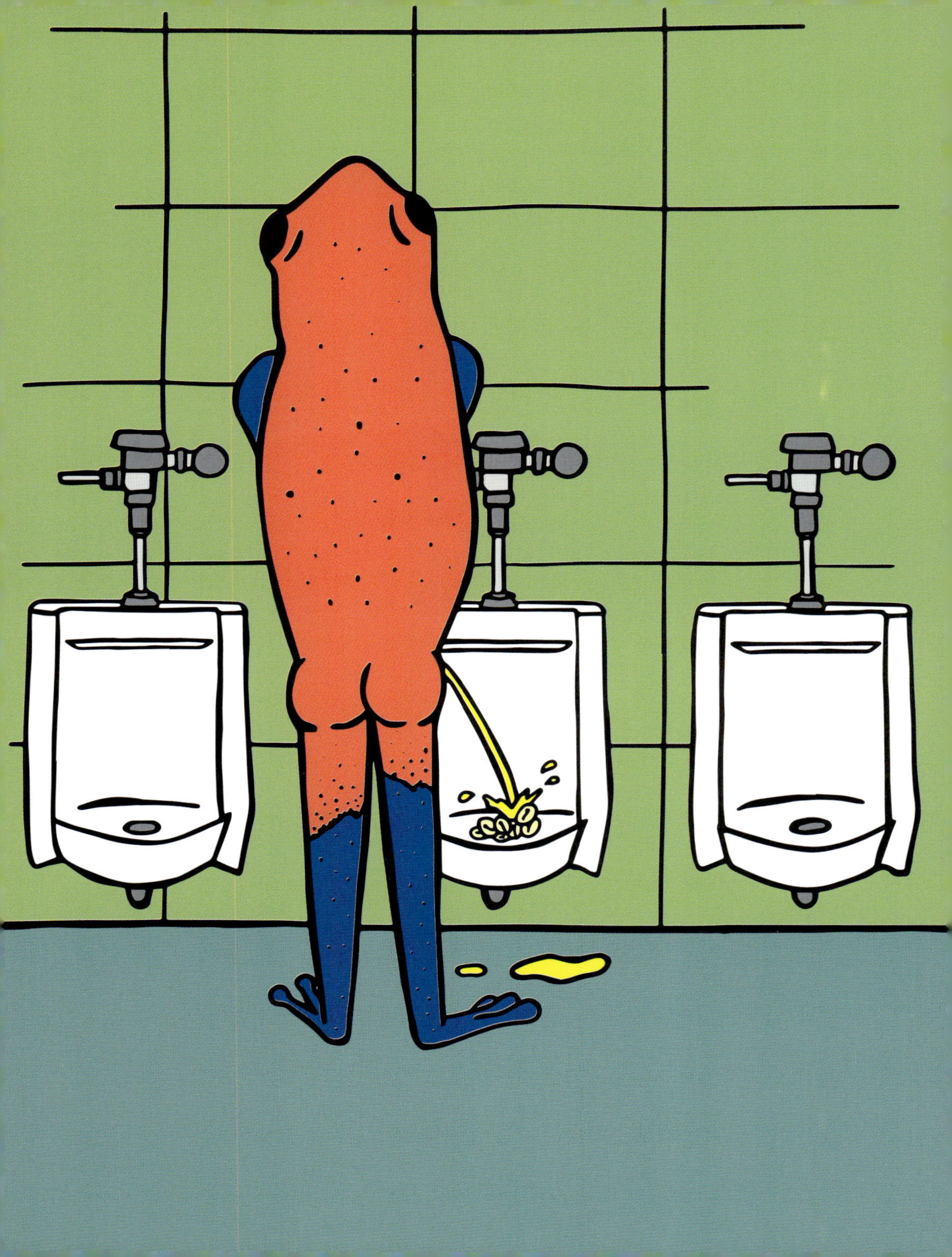

Les papas des **grenouilles**
à flèche empoisonnée
sont plus des boulets
que des génies.

Pour éviter que leurs œufs
ne se dessèchent,
ils les arrosent
de leur **propre pipi.**

???
QUOI
OÙ
QUAND
COMMENT
????

Alors la prochaine fois que
tu seras au bout du rouleau,
ou complètement débordée,

dis-toi que tant que
tu ne manges pas ton enfant,
tu n’as **rien à te reprocher.**

Élever des enfants, c’est le chaos,
et il n’y a pas de recette miracle.

Comme tout ce qui vaut le coup
d’être vécu, la maternité
peut te **rendre dingo.**

Quand la **panique** grimpe
et que la **pression** monte,

Souviens-toi que
tu fais de ton mieux...
et c'est tout
ce qui compte.

Même si les autres critiquent,
font des commentaires,
jugent et jacassent,

Dis-toi bien
que la « **mère parfaite** »
est une vraie connasse.

Célèbre donc les
« **bof-pas-terrible** » et
les « **j'aurais pu mieux faire** ».

Et chéris les médiocres moments
partagés avec tes êtres chers.

TROPHÉE DE LA PARTICIPATION
MEILLEURE
MAMAN
CERTIFICAT
DE
MÉDIOCRITÉ
Diplôme
Mère
la plus bof
de
l'ANNÉE
#5

Parce que même si vous

faites tomber

votre enfant ou que

vous jurez « accidentellement »,

sachez qu'en tant

que mère...

... vous ne serez
jamais la dernière !

ANNEXE

Certes, ces animaux semblent être les parents les plus indignes de la nature. Mais un examen plus approfondi révèle qu'en réalité, ils font du mieux qu'ils peuvent... comme nous tous !

Hamsters

Les mères hamster, qui sont sans doute les mauvaises mères les plus célèbres du règne animal, sont connues pour manger leurs petits peu de temps après la naissance. Les experts ne savent toujours pas exactement pourquoi elles ont ce réflexe cannibale, mais une étude avance toutefois l'hypothèse d'une carence en vitamine B, due à une alimentation très riche en maïs. D'autres théories évoquent le stress, le manque de nourriture, la taille de la portée ou, si les bébés ont été manipulés, une odeur inconnue qui pourrait empêcher la mère hamster de les reconnaître comme étant les siens.

Girafe

Comme les girafes mettent bas debout, un bébé girafe commence sa vie par une chute libre vers le sol de plus de deux mètres. Il apprend à se tenir debout environ 30 minutes après sa naissance, et à marcher peu de temps après. Si la mère estime que son bébé progresse trop lentement, elle l'encourage en lui donnant des coups de patte jusqu'à ce qu'il soit capable de marcher seul. Comme c'est le cas pour de nombreux parents dans le règne animal, le comportement de la girafe est une question de survie. Dans la mesure où la moitié des bébés girafes sont dévorés par des prédateurs, l'instinct protecteur de leur mère paraît justifié.

Fourmis Dracula

Les reines des fourmis Dracula n'ont pas l'excuse de dévorer leurs petits parce qu'elles manquent de nourriture. Dans les grandes colonies, même s'il y a d'autres aliments disponibles, la reine se nourrit exclusivement du sang (ou de l'hémolymphe) de ses propres larves. Elle choisit une victime, généralement dans les derniers stades de son développement – quand la richesse en nutriments est optimale –, elle la poignarde

avec sa mâchoire, et boit son sang comme un petit milk-shake de film d'horreur. Bien que ce processus ne tue pas les larves, il laisse des blessures visibles. Les scientifiques pensent que ce type d'alimentation est privilégié parce qu'elle est plus efficace sur le plan énergétique : les nutriments prédigérés contenus dans le sang de la larve sont plus faciles à absorber que la nourriture standard.

Coléoptères de Sexton

Le coléoptère de Sexton, également appelé nécrophore enfouisseur, élève vraiment ses petits à l'intérieur d'un cadavre. Il utilise des antennes spéciales pour détecter le corps d'un petit animal mort, généralement une souris ou un oiseau.

Avant d'enterrer l'animal pour le protéger des prédateurs, les coléoptères nettoient la carcasse, puis l'enduisent de sécrétions orales et anales (oui, vous avez bien lu…) pour empêcher la décomposition. La femelle pond alors ses œufs dans le sol, et une fois éclos, les larves migrent dans la carcasse pour s'en nourrir. Si celle-ci est trop petite pour contenir tous les petits, la femelle tue alors quelques bébés coléoptères, histoire de faire de la place.

Aigles

Les mamans aigles autorisent vraiment leurs petits à se livrer à un fratricide, même si ce phénomène n'est pas aussi courant qu'on le dit parfois. Lorsque cela se produit, le premier oisillon à éclore dans le nid (le plus grand et le plus costaud) est généralement l'agresseur. Il défie alors son cadet (la plupart des aigles pondent deux œufs) en le poussant vers le bord du nid, pour éviter d'avoir à partager attention et nourriture. Certaines études invoquent la négligence parentale comme motif du fratricide, notant que celui-ci peut être évité si la mère rapporte suffisamment de nourriture pour ses deux petits.

Pandas

Non seulement les pandas ne peuvent se reproduire que quelques jours par an, ce qui rend la reproduction difficile, mais ils ne sont pas très doués pour être parents. Lorsque les femelles pandas deviennent enfin mères, les pères pandas sont absents : ils ne rencontrent que rarement leur progéniture. Et même avec un seul

enfant à charge, les mères pandas sont connues pour sous-alimenter leur bébé (le bambou ne leur procure pas assez de nutriments, et il n'est pas rare qu'elles ne produisent pas assez de lait), ou pour l'écraser – accidentellement – pendant l'allaitement. Avec des jumeaux, la mère panda peut se sentir carrément dépassée, au point d'abandonner le bébé le plus faible. Même en captivité, avec une équipe de zoologistes dédiés, il arrive que celui-ci ne survive pas.

Koalas

Comme la plupart des marsupiaux, les koalas commencent par boire le lait de leur mère. Puis, au bout de six mois environ, les bébés penchent instinctivement leur tête vers l'arrière-train de leur mère pour manger ses excréments, et ce pour plusieurs raisons. Les feuilles fraîches d'eucalyptus sont trop toxiques pour l'estomac d'un bébé koala, or non seulement le processus digestif de la mère neutralise ces toxines, mais les excréments contiennent également des nutriments essentiels. (La prochaine fois que vous vous sentirez coupable de laisser votre enfant manger une pizza froide pour le petit-déjeuner, vous vous souviendrez que le premier repas solide d'un koala est constitué du caca de sa mère.)

Squinques de Lanyu

Les soins parentaux étant rares chez les reptiles, la pratique du cannibalisme filial (manger ses propres petits) chez le scinque à longue queue de Lanyu n'est pas tout à fait surprenante. Mais elle est particulière. La plupart des lézards abandonnent le nid peu après la ponte, mais la scinque de Lanyu pond ses œufs et reste à proximité pour dissuader les prédateurs potentiels… jusqu'à ce qu'elle estime que le danger devient trop grand. Si un serpent menace son nid une fois de trop, elle mange alors ses œufs plutôt que de les sacrifier à l'importun. Les scientifiques supposent qu'elle le fait pour se nourrir et se donner des forces, tout en privant le serpent d'un repas au passage.

Quokka

OK, OK… les mamans quokka ne « jettent » pas vraiment leurs bébés. Mais elles ne les retiennent pas non plus. Lorsqu'une maman quokka porte un nouveau-né dans sa poche marsupiale et qu'elle est poursuivie par un prédateur, elle crée une diversion dans le cadre de son plan d'évasion : elle relâche les muscles de sa poche, et le petit tombe alors au sol. Celui-ci sert de délicieuse distraction pour le prédateur, tandis que la mère court se mettre à l'abri, avec l'espoir de se reproduire à nouveau.

Coucou

Le coucou européen est réputé être un « parasite de couvée », c'est-à-dire un animal qui trompe les autres pour qu'ils élèvent ses petits à sa place. La mère du coucou trouve le nid d'un autre oiseau, y dépose subrepticement son œuf, puis s'envole à des kilomètres de la scène du crime. La maman oiseau, qui ne se doute de rien, élève ce nouvel œuf étrange comme s'il était le sien. Une fois que le bébé coucou a éclos, celui-ci peut même tuer ses frères et sœurs adoptifs pour grappiller un maximum de ressources. L'œuf du coucou a souvent une coquille plus épaisse (les coucous laissent parfois tomber leurs œufs sur des œufs hôtes existants pour en casser un ou plusieurs) et une couleur plus sombre, ce qui lui permet de se fondre dans l'ombre du nid.

Phoques du Groenland

Les phoques du Groenland sont des mères apparemment dévouées au début. Elles nourrissent et chérissent leurs nouveau-nés pendant douze jours avant de disparaître pour s'accoupler à nouveau, laissant leurs bébés vulnérables à l'air libre sur un bloc de glace, incapables de subvenir à leurs propres besoins. Ils finissent par apprendre à nager et à chasser par eux-mêmes, mais seuls 70 % d'entre eux survivent à leur première année de vie (au moins, ils ont un sujet de conversation en thérapie).

Pluviers

Pendant la saison des amours, les femelles pluviers de l'ouest de l'Alaska pondent quatre œufs, qui éclosent environ un mois plus tard. Dès que les œufs ont éclos, les deux parents abandonnent leurs bébés pour entreprendre un voyage de 50 heures et 4 800 kilomètres jusqu'à Hawaï (l'une des plus longues migrations sans escale de tous les oiseaux). Leurs oisillons sont donc livrés à eux-mêmes, histoire d'apprendre la vie.

Syngnathe

Le syngnathe est apparenté à l'hippocampe, mais lui n'a pas la réputation d'être un bon père. Le papa syngnathe assume la charge de la grossesse, en portant les œufs dans son corps jusqu'à ce qu'ils soient prêts à éclore. Pour séparer les plus forts des plus faibles, il restreint les nutriments dans sa poche, qui seront absorbés par les plus robustes. Puis il absorbe les œufs qui restent. La quantité d'œufs qu'il « mange » varie, ceci dit, moins la femelle avec laquelle il s'est accouplé est perçue comme étant forte et « attirante », plus le papa syngnathe bouffe ses rejetons.

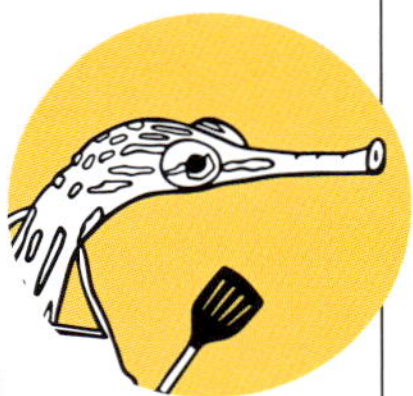

Chevaux

Les étalons sont magnifiques, mais étrangement, ils assassinent parfois les enfants des autres, en particulier les poulains mâles. Un certain nombre d'autres animaux (zèbres, lions, écureuils, otaries, etc.) le font aussi : ce comportement n'est donc pas rare dans le règne animal. Pour l'expliquer, les scientifiques évoquent la compétition pour les ressources, comme la nourriture et les futures partenaires. Dans des cas rares, si un étalon soupçonne l'une de ses partenaires d'avoir été fécondée par un autre – et ce même s'il n'en est pas *totalement* sûr –, il attaque le poulain et essaie de le tuer. Scientifiquement parlant, il n'a donc pas envie de perdre son temps et son énergie à élever le rejeton d'un autre type.

Grenouilles à flèche empoisonnée

(ou « dendrobates », leur nom scientifique...)

Les grenouilles ne sont généralement pas les meilleurs parents du monde animal, donc c'est déjà un miracle que la grenouille à flèche empoisonnée fasse un semblant d'effort en la matière. Une fois que la mère grenouille a pondu ses œufs sur une feuille au ras du sol de la forêt tropicale, c'est au tour du père de les protéger en veillant à ce qu'ils ne se dessèchent pas, ou qu'ils ne soient pas dévorés par des prédateurs. Pour maintenir les œufs humides, la grenouille à flèche empoisonnée transporte alors de l'eau par son cloaque (une sorte de combo anus/urètre reptilien) pendant une dizaine de jours, jusqu'à ce qu'ils éclosent et deviennent des têtards.

REMERCIEMENTS

Tout d'abord, un grand et sincère merci aux personnes qui ont permis à ce livre de voir le jour : Brandi Bowles et Reg Tigerman. Vous deux formez un duo du feu de Dieu.

Merci à Priscilla Witte : le fait de travailler à tes côtés est à l'image de tes illustrations – un pur bonheur.

Merci à l'équipe de Workman : Rae Ann Spitzenberger, Sarah Curley et surtout Megan Nicolay, dont la perspicacité et les conseils m'ont été précieux. J'ai touché le jackpot de l'édition !

Et un dernier remerciement à ma famille : Maman, Papa, Gagey, Richard, Holly, les Boozan, les Sherman et John. J'ai beaucoup de chance de vous avoir tous dans ma vie.

À PROPOS DE L'AUTRICE

GLENN BOOZAN est une scénariste de comédie nominée aux Emmy Awards et aux WGA Awards. On lui doit notamment les émissions « Conan », « Lights Out with David Spade » sur Comedy Central, « I Love You, America » avec Sarah Silverman, et la série « Adam Ruins Everything ». Elle vit à Los Angeles, à seulement 30 minutes en voiture de sa mère, ce qui lui semble toujours trop loin.

À PROPOS DE L'ILLUSTRATRICE

PRISCILLA WITTE est une illustratrice et muraliste basée à Los Angeles. Son travail l'a conduite de la mer Noire en Russie aux plages de la côte balinaise. Certains de ses clients incluent Warner Music Group, Mattel (Barbie) et Google. Sa fresque la plus récente est peinte dans le centre de Los Angeles, entre une œuvre de Jeff Koons et une de Takashi Murakami : un sandwich délicieux.